# MELATIH PEMIMPIN RADIKAL

Manual Peserta

**Melatih Pemimpin Radikal**
*Manual Peserta*

Oleh Daniel B. Lancaster, PhD

Diterbitkan Oleh: T4T Press

Cetakan Pertama: 2013

ISBN 978-1-938920-67-7 dicetak

Data Pengkatalogan-dalam-Penerbitan Perpustakaan Kongres

# Kandungan

## Latihan

## Sumber-Sumber

# 1

# Selamat Datang

Jurulatih dan pemimpin memperkenalkan antara satu sama lain dalam sesi pelajaran yang pertama. Para pemimpin kemudian akan mempelajari perbezaan di antara kaedah latihan Yunani dan kaedah Ibrani. Yesus telah menggunakan kedua-dua kaedah tersebut dan kita juga seharusnya melakukan yang sama. Kaedah Ibrani adalah kaedah yang paling berguna bagi melatih pemimpin dan salah satu kaedah yang paling sering digunakan dalam *Melatih Pemimpin Radikal*.

Matlamat pelajaran ini adalah bagi para pemimpin memahami strategi Yesus untuk menyampaikan mesejnya kepada dunia. Lima bahagian yang membentuk strategi Yesus termasuklah: Teguh bersama Tuhan, Berkongsi Gospel, Membuat Pengikut, Memulakan kumpulan yang membawa kepada penubuhan gereja, dan Melatih Pemimpin. Para pemimpin akan mengkaji semula pelajaran di dalam *Ikuti Latihan Yesus, Bahagian 1: Membuat Pengikut Radikal* yang melengkapkan penganut untuk berjaya dalam setiap bahagian di dalam strategi Yesus. Para pemimpin juga akan berlatih mengamalkan pembentukan visi mengikuti strategi Yesus untuk orang lain. Sesi akan berakhir dengan ketetapan untuk mengikuti Yesus dan mematuhi perintah-Nya setiap hari.

# PUJI-PUJIAN

# PERMULAAN

Memperkenalkan Para Jurulatih

Memperkenalkan Para Pemimpin

Bagaimanakah Yesus melatih pemimpin?

# PELAN

Siapa Yang Membina Gereja?

> –MATIUS 16:18–
> MAKA AKU PUN BERKATA KEPADAMU, BAHWA ENGKAU INILAH PETRUS, DAN DI ATAS BATU INI AKU AKAN MEMBANGUNKAN SIDANG-KU; DAN SEGALA PINTU ALAM MAUT PUN TIADA AKAN DAPAT MENGALAHKAN DIA. (NLT)

## Mengapakah Ia Penting Siapa Yang Membina Gereja?

–MAZMUR 127:1–
JIKALAU KIRANYA BUKAN TUHAN YANG MEMBANGUNKAN RUMAH, NISCAYA SIA-SIALAH PEKERJAAN SEGALA TUKANG AKAN DIA, MAKA JIKALAU KIRANYA BUKAN TUHAN YANG MENUNGGUI NEGERI, NISCAYA CUMA-CUMA DITUNGGUI AKAN DIA OLEH PENUNGGUNYA.(HCSB)

---

## Bagaimanakah Yesus Membina Gereja-Nya?

1. _____

–LUKAS 2:52–
MAKA YESUS PUN MAKIN BERTAMBAH-TAMBAH HIKMAT DAN BESAR-NYA, DAN MAKIN DIPERKENAN TUHAN DAN MANUSIA (CEV)

–LUKAS 4:14–
(SELEPAS GODAAN-NYA) KEMUDIAN BALIKLAH YESUS KE GALILEA DENGAN KUASA ROH; MAKA MASYHURLAH KABAR-NYA DI SELURUH JAJAHAN ITU.(NASB)

🖐 Naikkan tangan dan buatkan gaya seperti seorang lelaki yang kuat.

2. _____

–MARKUS 1:14-15–
SETELAH YAHYA ITU SUDAH TERTANGKAP, DATANGLAH YESUS KE TANAH GALILEA MEMASYHURKAN INJIL TUHAN, SERTA BERKATA, "WAKTUNYA SUDAH SAMPAI, KERAJAAN TUHAN SUDAH DEKAT. BERTAUBATLAH KAMU DAN PERCAYALAH AKAN INJIL ITU." (NLT)

✋ Buatkan pergerakan membaling menggunakan tangan kanan anda seolah-olah anda sedang membalingkan benih.

3. _____

–MATIUS 4:19–
MAKA BERKATALAH YESUS KEPADA MEREKA ITU, "MARILAH, IKUTLAH AKU, MAKA AKU AKAN MENJADIKAN KAMU KELAK PENJALA ORANG."

✋ Letakkan tangan pada kedudukan jantung anda dan kemudian angkatkannya dalam keadaan menyembah. Letakkan tangan pada pinggang anda, dan kemudian diangkatkan dalam posisi berdoa yang klasik. Tangan diletakkan mengarah ke kepala, kemudian diturunkan seolah-olah anda sedang membaca sebuah buku. Angkatkan tangan ke posisi lelaki yang kuat, dan kemudian buatkan pergerakan menyapu seolah-olah anda sedang menanamkan benih.

4. _____

–MATIUS 16:18–

MAKA AKU PUN BERKATA KEPADAMU, BAHWA ENGKAU INILAH PETRUS, DAN DI ATAS BATU INI AKU AKAN MEMBANGUNKAN SIDANG-KU; DAN SEGALA PINTU ALAM MAUT PUN TIADA AKAN DAPAT MENGALAHKAN DIA.

✋ Kedua-dua tangan membuat pergerakan "masuk ke dalam", seolah-olah anda menjemput dan meminta orang ramai untuk berkumpul mengelilingi anda.

5. _____

–MATIUS 10:5-8–

MAKA KEDUA BELAS ORANG INILAH DISURUHKAN OLEH YESUS DENGAN PESAN-NYA DEMIKIAN, "JANGANLAH KAMU PERGI KE NEGERI ORANG KAFIR DAN JANGAN KAMU MASUK NEGERI ORANG SAMARIA, MELAINKAN PERGILAH KAMU KEPADA SEGALA DOMBA KAUM ISRAEL YANG SESAT ITU. MAKA SAMBIL KAMU BERJALAN ITU, KHABARKANLAH: BAHWA KERAJAAN SURGA SUDAH DEKAT. SEMBUHKANLAH ORANG YANG SAKIT, HIDUPKANLAH ORANG YANG MATI, TAHIRKANLAH ORANG YANG KENA BALA ZARAAT DAN BUANGKANLAH SEGALA SYAITAN. KERANA DENGAN PERCUMA KAMU DAPAT, BERIKANLAH JUGA DENGAN PERCUMA.

✋ Berdiri dalam keadaan sedia dan berikan tabik seperti seorang askar.

## Ayat-ayat Memori

-1 Korintus 11:1–
Hendaklah kamu menurut teladanku, seperti aku pun menurut teladan Kristusus.(NAS)

# Amalan

# Penutup

## YESUS MENGATAKAN "IKUT SAYA"

–Matius 9:9–
Maka berjalanlah Yesus dari sana, lalu dilihat-Nya seorang yang bernama Matius duduk di rumah pencukaian; maka kata Yesus kepadanya, "Ikutlah Aku." Lalu bangunlah ia serta mengikut Dia.

# 2

# Berlatih Seperti Yesus

Satu masalah yang lazim di dalam penubuhan gereja-gereja atau kumpulan-kumpulan adalah keperluan untuk lebih ramai pemimpin. Usaha untuk melatih pemimpin-pemimpin sering tidak kesampaian kerana kita tidak mempunyai satu proses yang mudah untuk diikuti. Matlamat pelajaran ini adalah untuk menjelaskan bagaimana Yesus telah melatih pemimpin, agar kita boleh mengikuti cara-Nya.

Yesus melatih pemimpin dengan bertanya kepada mereka mengenai kemajuan yang telah dicapai di dalam misi mereka dan membincangkan sebarang masalah yang telah dihadapai oleh pemimpin tersebut. Beliau juga berdoa untuk mereka dan membantu mereka membuat perancangan untuk melanjutkan misi tersebut. Sebahagian penting di dalam latihan mereka adalah untuk mengamalkan kemahiran yang mereka perlukan di gereja mereka pada masa depan yang akan datang. Dalam Pelajaran 2, para pemimpin mengaplikasikan proses latihan kepimpinan ini di dalam kumpulan mereka beserta dengan strategi Yesus untuk menyampaikan mesejnya kepada dunia. Akhir sekali, para pemimpin akan membangunkan satu "pokok latihan" yang akan membantu menyelaraskan latihan dan doa-doa untuk pemimpin-pemimpin yang mereka akan latih.

# PUJI-PUJIAN

# KEMAJUAN

# MASALAH

# PELAN

## Ulasan

**Selamat Datang**
Siapa yang Membina Gereja?
Mengapakah Ia Penting?
Bagaimanakah Yesus Membina Gereja-Nya?

*–1 Korintus 11:1–Hendaklah kamu menurut teladanku, seperti aku pun menurut teladan Kristusus.(NAS)*

# Bagaimanakah Yesus Melatih Pemimpin?

–LUKAS 10:17–
MAKA KEMBALILAH KETUJUH PULUH MURID ITU DENGAN SUKACITANYA SERTA BERKATA, "YA TUHAN, SEGALA SETAN JUGA TAKLUK KEPADA KAMI ATAS NAMA TUHAN."(NLT)

1. _____

✋ Putarkan tangan di atas satu sama lain sambil bergerak ke atas.

–MATIUS 17:19–
SETELAH ITU DATANGLAH PENGIKUT ITU KEPADA YESUS DENGAN SENYAP-SENYAP SERTA BERKATA, "APAKAH SEBABNYA KAMI INI TIADA DAPAT MEMBUANGKAN SETAN ITU?" (NLT)

2. _____

✋ Letakkan tangan di kedua-dua belah kepala anda dan berpura-pura menarik rambut anda.

–LUKAS 10:1–
SETELAH ITU, MAKA TUHAN PUN MENENTUKAN TUJUH PULUH DUA MURID DAN MENGHANTAR MEREKA, DUA ORANG SEKALI, SEBELUMNYA, KE SEMUA BANDAR DAN TEMPAT YANG DIA AKAN PERGI.

3. _____

✋ Sebarkan tangan kiri anda seperti sehelai kertas dan "tulis" di atasnya dengan menggunakan tangan kanan.

–YOHANES 4:1-2–
SETELAH YESUS MENGETAHUI SEBAGAIMANA YANG ORANG PARISI SUDAH MENDENGAR BAHWA YESUS ITU MEMPEROLEH LEBIH BANYAK MURID DAN MEMBAPTISKAN ORANG LEBIH BANYAK DARIPADA YAHYA, (MESKIPUN YESUS SENDIRI TIADA MEMBAPTISKAN ORANG, MELAINKAN PENGIKUT-NYA MEMBAPTISKAN) (NLT)

4. _____

✋ Gerakkan lengan anda ke atas dan bawah seolah-olah anda sedang membuat senaman angkat berat.

–LUKAS 22:31-32–
YESUS BERKATA"HAI SIMON, SIMON! TENGOKLAH IBLIS SANGAT MEMINTA KAMU, HENDAK MENAMPI KAMU SEPERTI GANDUM. TETAPI AKU INI MENDOAKAN ENGKAU, SUPAYA IMANMU JANGAN GUGUR; DAN JIKALAU ENGKAU BERTAUBAT, SOKONGLAH SAUDARA-SAUDARAMU."(CEV)

5. _____

🖐 Buatkan pos klasik "tangan yang berdoa" hampir dengan muka anda.

## Ayat-ayat Memori

–LUKAS 6:40–
SEORANG MURID TIADA LEBIH DARIPADA GURUNYA; TETAPI TIAP-TIAP MURID YANG SUDAH CUKUP PELAJARAN ITU AKAN MENJADI SAMA SEPERTI GURUNYA.(HCSB)

# LATIHAN

# PENUTUP

## Pokok Latihan

# 3

# Memimpin
# Seperti Yesus

Yesus Kristus merupakan pemimpin yang terhebat di sepanjang zaman. Tiada seorang pun yang telah mempengaruhi lebih ramai orang dengan lebih kerap sebagaimana yang Beliau lakukan. Pelajaran 3 memperkenalkan tujuh kualiti pemimpin yang hebat, berdasarkan gaya kepimpinan Yesus. Para pemimpin kemudian mencerminkan diri dan menilai kekuatan dan kelemahan pengalaman kepimpinan mereka sendiri. Satu permainan membina pasukan mengakhiri sesi ini untuk memberikan pengajaran mengenai kuasa "kepimpinan bersama."

Setiap sesuatu akan naik dan jatuh berdasarkan hati seorang pemimpin, maka kita melihat bagaimana Yesus memimpin pengikut-Nya, agar kita juga boleh mengikuti cara-Nya. Yesus menyayangi mereka hingga ke akhirnya, memahami misi-Nya, mengetahui masalah-masalah di dalam kumpulan, memberikan suatu teladan untuk diikuti oleh pengikut-Nya, menanganinya dengan cara yang baik dan mengetahui bahawa Tuhan memberkati ketaatan-Nya. Semuanya mengalir dari hati kita. Oleh yang demikian, sikap hati kita adalah di mana kita mesti bermula sebagai seorang pemimpin.

# PUJI-PUJIAN

# KEMAJUAN

# MASALAH

# PELAN

## Ulasan

### Selamat Datang
Siapa yang Membina Gereja?
Mengapakah Ia Penting?
Bagaimanakah Yesus Membina Gereja-Nya?

> –1 Korintus 11:1–Hendaklah kamu menurut teladanku, seperti aku pun menurut teladan Kristusus.(NAS)

### Berlatih Seperti Yesus
Bagaimanakah Yesus Melatih Pemimpin?

> –Lukas 6:40–Seorang murid tiada lebih daripada gurunya; tetapi tiap-tiap murid yang sudah cukup pelajaran itu akan menjadi sama seperti gurunya. (HCSB)

## Siapakah yang Yesus Katakan Sebagai Pemimpin yang Terhebat?

–MATIUS 20:25-28–

TETAPI YESUS MEMANGGIL SEGALA MURID ITU, LALU KATA-NYA, "KAMU KETAHUI BAHWA ORANG YANG MEMERINTAH ATAS SEGALA BANGSA MENJALANKAN PERINTAHNYA DI ATAS MEREKA ITU, SERTA PEMBESARNYA MEMEGANG KUASA ATASNYA. TETAPI BUKANNYA DEMIKIAN DI ANTARA KAMU, MELAINKAN BARANGSIAPA YANG HENDAK MENJADI BESAR DI ANTARA KAMU, IALAH PATUT MENJADI PELAYANMU; DAN BARANGSIAPA YANG HENDAK MENJADI KEPALA DI ANTARA KAMU, IALAH PATUT MENJADI HAMBA KEPADA KAMU SEKALIAN. SEPERTI ANAK MANUSIA PUN BUKANNYA DATANG SUPAYA DILAYANI, MELAINKAN SUPAYA MELAYANI DAN MEMBERIKAN NYAWA-NYA MENJADI TEBUSAN BAGI ORANG BANYAK."(NLT)

---

✋ Tabik seperti seorang askar dan kemudian letakkan tangan bersama dan tunduk seperti seorang hamba.

## Apakah Tujuh Kualiti Seorang Pemimpin yang Hebat?

–YOHANES 13:1-17–

[1]MAKA DAHULU DARIPADA HARI RAYA PASAH ITU, DIKETAHUI OLEH YESUS BAHWA WAKTUNYA SUDAH SAMPAI YANG IA WAJIB KELUAR DARIPADA DUNIA INI DAN PERGI KEPADA BAPA-NYA. SEDANGKAN IA SUDAH MENGASIHI SEGALA ORANG-NYA DI DALAM DUNIA INI,

MAKA DIKASIHI-NYA JUGA MEREKA ITU SAMPAI KEPADA KESUDAHANNYA.

²PADA KETIKA PERJAMUAN MALAM, TATKALA IBLIS SEDIA MENGGERAKKAN HATI YUDAS ISKARIOT, ANAK SIMON ITU, AKAN MENGKHIANATI YESUS

³SEDANGKAN YESUS MENGETAHUI BAHWA BAPA ITU SUDAH MENYERAHKAN SEGALA SESUATU KE TANGAN-NYA, DAN LAGI IA DATANG DARIPADA TUHAN DAN AKAN KEMBALI KEPADA TUHAN

⁴MAKA BANGUNLAH IA DARIPADA MAKAN, SERTA MENANGGALKAN JUBAH-NYA, LALU MENGAMBIL SEHELAI KAIN, DAN MENGIKAT PINGGANG-NYA.

⁵SETELAH ITU IA MENUANG AIR KE DALAM SEBUAH BESEN, LALU MULAI MEMBASUH KAKI PENGIKUT-NYA DAN MENYAPU DENGAN KAIN YANG TERIKAT DIPINGGANG-NYA ITU.

⁶KEMUDIAN DATANGLAH IA KEPADA SIMON PETRUS. MAKA KATA PETRUS KEPADA-NYA, "YA TUHAN, MASAKAN TUAN MEMBASUH KAKI HAMBA INI?"

⁷JAWAB YESUS SERTA BERKATA KEPADANYA, "BARANG YANG AKU PERBUAT, ENGKAU TIADA TAHU SEKARANG, TETAPI KEMUDIAN KELAK ENGKAU MENGERTI."

⁸MAKA KATA PETRUS KEPADA-NYA, "JANGAN SEKALI-KALI TUAN MEMBASUH KAKI HAMBA INI." JAWAB YESUS KEPADANYA, "JIKALAU TIADA AKU MEMBASUHKAN ENGKAU, TIADALAH ENGKAU BEROLEH BAHAGIAN BERSAMA-SAMA DENGAN AKU."

⁹MAKA KATA SIMON PETRUS KEPADA-NYA, "YA TUHAN, JANGANKAN KAKI HAMBA SAHAJA, MELAINKAN JUGA TANGAN DAN KEPALA HAMBA."

¹⁰KATA YESUS KEPADANYA, "SIAPA YANG SUDAH MANDI ITU TAK USAH DIBASUH LAIN DARIPADA KAKINYA SAHAJA, KARENA SUCILAH IA SEMATA-MATA; KAMU INI PUN SUCI, TETAPI BUKAN SEMUA KAMU."

[11]KERANA IA SUDAH TAHU ORANG YANG AKAN MENYERAHKAN DIA; OLEH SEBAB ITULAH IA BERKATA, "BUKANNYA SEMUA KAMU SUCI."

[12]TATKALA YESUS SUDAH MEMBASUH KAKI SEMUA MURID-NYA DAN MEMAKAI JUBAH-NYA, LALU DUDUKLAH IA PULA SERTA BERKATA KEPADA MEREKA ITU, "MENGERTIKAH KAMU YANG AKU PERBUAT KEPADAMU?

[13]KAMU INI MEMANGGIL AKU GURU DAN TUHAN, MAKA BETULLAH KATAMU ITU, KARENA AKULAH DIA.

[14]JIKALAU AKU, TUHAN DAN GURU, SUDAH MEMBASUH KAKIMU, PATUTLAH KAMU JUGA MEMBASUH KAKI SAMA SENDIRI.

[15]KERANA AKU SUDAH MEMBERI TELADAN KEPADA KAMU, SUPAYA KAMU JUGA BERBUAT SAMA SEPERTI AKU PERBUAT KEPADAMU.

[16]SESUNGGUH-SUNGGUHNYA AKU BERKATA KEPADAMU: SEORANG HAMBA TIADALAH LEBIH BESAR DARIPADA TUANNYA, DAN SEORANG PESURUH PUN TIADALAH LEBIH BESAR DARIPADA YANG MENYURUH DIA.

[17]KINI KAMU TELAH MENGETAHUI PERKARA INI, KAMU AKAN DIBERKATI BILA KAMU MELAKUKANNYA.

1. _____

✋ Tepuk dada dengan tangan.

2. _____

✋ Tabik seperti seorang askar dan anggukkan kepala, "ya".

3. _____

🖐 Tunduk dengan kedua-dua tangan dalam posisi berdoa yang klasik.

4. _____

🖐 Buatkan tanda hati dengan menggunakan jari indeks dan ibu jari kedua-dua tangan.

5. _____

🖐 Letakkan kedua-dua tangan di tepi kepala anda seolah-olah anda berasa sakit kepala.

6. _____

🖐 Tunjuk ke arah syurga dan anggukkan kepala, 'ya'.

7. _____

🖐 Tadahkan tangan dengan puji-pujian kepada syurga.

## Memory Ayat-ayat Memori

–YOHANES 13:14-15–
JIKALAU AKU, TUHAN DAN GURU, SUDAH MEMBASUH
KAKIMU, PATUTLAH KAMU JUGA MEMBASUH KAKI SAMA
SENDIRI. KERANA AKU SUDAH MEMBERI TELADAN
KEPADA KAMU, SUPAYA KAMU JUGA BERBUAT SAMA
SEPERTI AKU PERBUAT KEPADAMU.

# LATIHAN

*"Sekarang, kita akan menggunakan proses latihan yang sama yang digunakan oleh Yesus untuk mengamalkan apa yang kita telah pelajari dalam pelajaran kepimpinan ini."*

# PENUTUP

## Chinlone

# 4

# Berkembang
# Kukuh

Pemimpin-pemimpin anda latih akan memimpin kumpulan dan belajar bagaimana mendesaknya memimpin orang lain. Pemimpin-pemimpin akan menghadapi peperangan rohani yang signifikan dari luar kumpulan mereka dan perbezaan personaliti di dalam kumpulan. Kunci kepada kepimpinan yang berkesan adalah untuk mengenalpasti jenis-jenis personaliti yang berbeza dan mempelajari bagaimana untuk bekerja dengan mereka secara berkesan sebagai satu pasukan. Pelajaran "Berkembang Kukuh" memberikan pemimpin cara yang mudah untuk membantu orang ramai mengetahui jenis personaliti mereka. Apabila kita memahami bagaimana Tuhan telah menjadikan kita, kita akan mempunyai petunjuk yang kukuh tentang bagaimana kita boleh menjadi lebih kuat kepada-Nya.

Terdapat lapan jenis personaliti: askar, pencari, gembala, penyemai, anak lelaki/perempuan, santo, hamba dan pelayan. Selepas membantu para pemimpin mengenalpasti jenis mereka, jurulatih akan membincangkan kekuatan dan kelemahan bagi setiap jenis personaliti. Ramai orang yang menganggap bahawa Tuhan mengasihi orang-orang yang jenis personalitinya lebih dihargai oleh budaya mereka. Pemimpin lain pula percaya bahawa kemampuan kepimpinan adalah bergantung kepada personaliti. Kepercayaan-kepercayaan yang menghadkan ini adalah tidak benar. Sesi ini berakhir dengan memberikan penekanan bahawa pemimpin harus melayan setiap orang sebagai individu. Latihan kepimpinan perlu menangani keperluan individu masing-masing dan bukannya berdasarkan satu saiz untuk semua.

# Puji-Pujian

# Kemajuan

# Masalah

# Pelan

## Ulasan

### Selamat Datang
Siapa yang Membina Gereja?
Mengapakah Ia Penting?
Bagaimanakah Yesus Membina Gereja-Nya?

*–1 Korintus 11:1–Hendaklah kamu menurut teladanku, seperti aku pun menurut teladan Kristusus.(NAS)*

### Berlatih Seperti Yesus

Bagaimanakah Yesus Melatih Pemimpin?

> –Lukas 6:40–Seorang murid tiada lebih daripada gurunya; tetapi tiap-tiap murid yang sudah cukup pelajaran itu akan menjadi sama seperti gurunya. (HCSB)

### Memimpin Seperti Yesus

Siapakah Yang Yesus Katakan Sebagai Pemimpin yang Terhebat? 🖐

Apakah Tujuh Kualiti Seorang Pemimpin yang Hebat?

> –Yohanes 13:14-15–Jikalau Aku, Tuhan dan Guru, sudah membasuh kakimu, patutlah kamu juga membasuh kaki sama sendiri. Kerana Aku sudah memberi teladan kepada kamu, supaya kamu juga berbuat sama seperti Aku perbuat kepadamu.

# Personaliti Manakah yang Tuhan Telah Berikan Kepada Kamu?

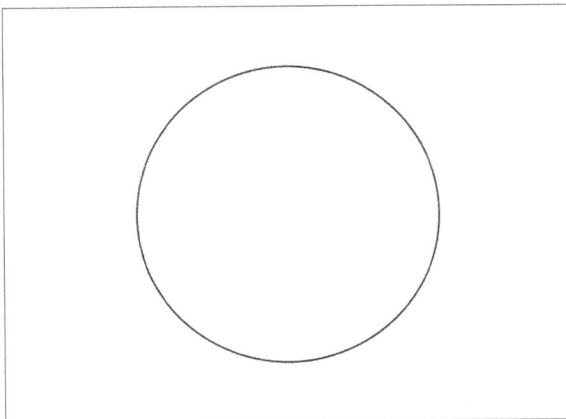

Jenis Personaliti yang Manakah yang Paling Dikasihi oleh Tuhan?

_____

Jenis Personaliti yang Manakah yang akan Membuat Pemimpin yang Terbaik?

_____

### AYAT-AYAT MEMORI

–ROMA 12:4-5–
KERANA SAMA SEPERTI KITA MENARUH DI DALAM SATU TUBUH BANYAK ANGGOTA, TETAPI SEMUA ANGGOTA ITU BUKANNYA MEMEGANG SERUPA PEKERJAAN, DEMIKIANLAH JUGA KITA YANG BANYAK INI MENJADI SATU TUBUH DI DALAM KRISTUSUS, TETAPI MASING-MASING ANGGOTA BERANGGOTAKAN YANG LAIN.

## LATIHAN

## PENUTUP

Burger Keju Amerika ∽

# 5

# Teguh Bersama

Para pemimpin telah mengenalpasti jenis personaliti mereka dalam pelajaran yang lepas. "Teguh Bersama" menunjukkan kepada para pemimpin bagaimana jenis personaliti mereka berinteraksi dengan orang lain. Mengapakah terdapat lapan jenis personaliti orang di dunia ini? Ada yang mengatakan bahawa bahtera Nuh membawa lapan orang manakala yang lain mengatakan bahawa Tuhan menjadikan satu jenis personaliti bagi setiap titik pada kompas - utara, timur laut, timur, dan sebagainya. Kami boleh menjelaskan sebabnya dengan mudah. Dunia mempunyai lapan jenis personaliti yang berbeza kerana Tuhan telah mencipta manusia dalam imej-Nya. Jika anda ingin melihat bagaimana rupa Tuhan, Alkitab mengatakan untuk melihat kepada Yesus. Lapan jenis personaliti asas di dunia ini mencerminkan lapan gambar Yesus.

Yesus adalah seperti seorang askar – ketua komander tentera Tuhan. Dia adalah seorang pencari - mencari dan menyelamatkan yang hilang. Dia adalah seorang gembala - memberi makanan, air, dan rehat kepada pengikut-pengikutnya. Yesus adalah seorang penyemai - menyemai Firman Tuhan ke dalam kehidupan kita. Dia adalah seorang anak – Tuhan memanggilnya sebagai dikasihi dan mengarahkan kita untuk mendengarnya. Yesus adalah penyelamat dan meminta kita untuk mewakili-Nya di dunia sebagai santo. Beliau adalah hamba – yang taat kepada Bapa-Nya, walaupun dalam titik kematian. Akhirnya, Yesus adalah seorang pelayan – ceritanya ibarat perumpamaan mengenai pengurusan masa, wang atau orang.

Setiap pemimpin memikul tanggungjawab untuk membantu pengikutnya agar bekerjasama. Konflik yang tidak dapat dielakkan berlaku di antara personaliti yang berbeza kerana mereka melihat dunia secara berbeza. Dua cara yang paling biasa digunakan untuk menguruskan konflik adalah dengan mengelakkannya atau berlawan antara satu sama lain. Cara yang ketiga untuk menangani konflik, yang dipimpin oleh Semangat Tuhan, adalah untuk mencari penyelesaian yang menghormati dan mengesahkan setiap jenis personaliti tersebut. Sesi ini berakhir dengan satu peraduan drama yang menunjukkan kebenaran ini dengan cara yang lucu. Gambarajah "lapan gambar Kristus" akan membantu kita untuk memahami bagaimana untuk mengasihi orang lain dengan lebih baik. Ini adalah tugas bagi semua pengikut Yesus.

# PUJI-PUJIAN

# KEMAJUAN

# MASALAH

# PELAN

# Ulasan

### Selamat Datang

Siapa yang Membina Gereja?

Mengapakah Ia Penting?

Bagaimanakah Yesus Membina Gereja-Nya?

> *-1 Korintus 11:1-Hendaklah kamu menurut teladanku, seperti aku pun menurut teladan Kristusus.(NAS)*

### Berlatih Seperti Yesus

Bagaimanakah Yesus Melatih Pemimpin?

> *-Lukas 6:40-Seorang murid tiada lebih daripada gurunya; tetapi tiap-tiap murid yang sudah cukup pelajaran itu akan menjadi sama seperti gurunya. (HCSB)*

### Memimpin Seperti Yesus

Siapakah Yang Yesus Katakan Sebagai Pemimpin yang Terhebat? ✍

Apakah Tujuh Kualiti Seorang Pemimpin yang Hebat?

> *-Yohanes 13:14-15-Jikalau Aku, Tuhan dan Guru, sudah membasuh kakimu, patutlah kamu juga membasuh kaki sama sendiri. Kerana Aku sudah memberi teladan kepada kamu, supaya kamu juga berbuat sama seperti Aku perbuat kepadamu.*

### Berkembang Kukuh

Personaliti yang Manakah yang Tuhan telah Berikan Kepada Anda?

Jenis Personaliti yang Manakah yang Paling Dikasihi oleh Tuhan?

Jenis Personaliti yang Manakah yang akan Membuat Pemimpin yang Terbaik?

*–Roma 12:4-5–Kerana sama seperti kita menaruh di dalam satu tubuh banyak anggota, tetapi semua anggota itu bukannya memegang serupa pekerjaan, demikianlah juga kita yang banyak ini menjadi satu tubuh di dalam Kristusus, tetapi masing-masing anggota beranggotakan yang lain.*

## Mengapakah Terdapat Lapan Jenis Orang Di Dunia Ini?

–Kejadian 1:26–
Maka firman Tuhan: Baiklah Kita menjadikan manusia atas peta dan atas teladan Kita...

–Colossians 1:15–
Dialah yang menjadi bayang Tuhan yang tiada kelihatan itu, yaitu Anak sulung yang terlebih dahulu daripada segala makhluk

# Macam manakah Perwatakan Yesus?

1. _____

   –MATIUS 26:53–
   PADA SANGKAMU, TIADAKAH BOLEH AKU MEMOHONKAN
   KEPADA BAPA-KU, SEHINGGA IA MENGARUNIAKAN
   KEPADA-KU LEBIH DARIPADA DUA BELAS LEGIUN
   MALAIKAT WALAUPUN SEKARANG INI JUGA? (HCSB)

   🖐 Angkatkan pedang.

2. _____

   –LUKAS 19:10–
   KERANA ANAK MANUSIA DATANG HENDAK MENCARI
   DAN MENYELAMATKAN YANG SESAT." (NAS)

   🖐 Cari di depan dan belakang dengan tangan di
   atas mata.

3. _____

   –YOHANES 10:11–
   AKULAH GEMBALA YANG BAIK; MAKA GEMBALA YANG
   BAIK ITU MENYERAHKAN NYAWA-NYA GANTI SEGALA
   DOMBA ITU.

✋ Gerakkan tangan ke arah tubuh anda seolah-olah anda sedang mengumpulkan orang ramai.

4. _____

–MATIUS 13:37–

MAKA JAWAB-NYA KEPADA MEREKA ITU, "ADAPUN ORANG YANG MENABUR BENIH YANG BAIK ITU, IALAH ANAK MANUSIA (NAS)

✋ Taburkan benih dengan tangan.

5. _____

–LUKAS 9:35–

LALU KEDENGARANLAH SUATU SUARA DARI DALAM AWAN ITU MENGATAKAN, "INILAH ANAK-KU YANG TERPILIH. DENGARLAH OLEHMU AKAN DIA."

✋ Gerakkan tangan ke arah mulut seolah-olah anda sedang makan.

6. _____

–MARKUS 8:31–

MAKA MULAILAH YESUS MENGAJAR PENGIKUT-NYA, BAHWA WAJIB ANAK MANUSIA ITU AKAN MERASAI BANYAK SENGSARA, DAN DITOLAK OLEH SEGALA ORANG TUA-TUA DAN KEPALA-KEPALA IMAM DAN AHLI TAURAT

SEHINGGA DIBUNUH OLEH MEREKA ITU, LALU IA AKAN BANGKIT PULA KEMUDIAN SELEPAS TIGA HARI LAMANYA.

☝ Letakkan tangan dalam posisi klasik "tangan yang berdoa".

7. _____

–YOHANES 13:14-15–

JIKALAU AKU, TUHAN DAN GURU, SUDAH MEMBASUH KAKIMU, PATUTLAH KAMU JUGA MEMBASUH KAKI SAMA SENDIRI. KERANA AKU SUDAH MEMBERI TELADAN KEPADA KAMU, SUPAYA KAMU JUGA BERBUAT SAMA SEPERTI AKU PERBUAT KEPADAMU.

☝ Gunakan pemukul.

8. _____

–LUKAS 6:38–

BERILAH, NISCAYA KEPADA KAMU PUN AKAN DIBERI: SUATU SUKATAN YANG BETUL, DITEKAN-TEKAN, DAN DIGONCANG-GONCANG SEHINGGA MELEMBAK, AKAN DIBERI ORANG KEPADA RIBAANMU, KERANA DENGAN SUKATAN YANG KAMU SUKAT, AKAN DISUKATKAN PULA KEPADA KAMU."

☝ Ambil duit dari poket baju ataupun beg duit.

## Apakah Tiga Pilihan Kita Apabila Konflik Berlaku?

1. _____

🖐 Pegang kedua-dua buku lima bersama. Gerakkannya jauh dari satu sama lain dan ke belakang anda.

2. _____

🖐 Pegang buku lima bersama dan pukulkannya bersama.

3. _____

🖐 Letakkan kedua buku lima bersama, lepaskan genggaman buku lima dan jalinkan jari-jari bersama, goyangkan tangan ke atas dan bawah, seolah-olah kedua-duanya bekerja bersama.

## Ayat-ayat Memori

–GALATIA 2:20–
AKU TELAH DISALIBKAN DENGAN KRISTUS. ADAPUN HIDUPKU INI BUKANNYA AKU LAGI, MELAINKAN KRISTUS YANG HIDUP DI DALAM AKU. (NAS)

# AMALAN

Peraduan Drama &

# SOALAN YANG SERING DITANYA

Apakah perbezaan di antara lapan gambar Kristus dan anugerah rohaniah?

# 6

# Kongsikan Gospel

Bagaimanakah seseorang boleh percaya sekiranya mereka tidak pernah mendengar gospel? Malangnya, pengikut-pengikut Yesus tidak selalu mengongsikan gospel agar orang lain juga boleh percaya. Salah satu sebabnya adalah mereka tidak pernah belajar bagaimana untuk mengongsikan gospel. Satu lagi sebab adalah mereka sibuk dengan rutin harian mereka dan lupa untuk mengongsikannya. Dalam pelajaran "Kongsikan Gospel" ini, para pemimpin mempelajari bagaimana untuk membuat "gelang gospel" untuk dikongsikan dengan rakan-rakan dan keluarga. Gelang ini menjadi peringatan kepada kita untuk berkongsi dengan orang lain dan juga menjadi topik permulaan perbualan yang baik. Warna-warna gelang ini mengingatkan kita bagaimana untuk mengongsikan gospel dengan mereka yang sedang mencari Tuhan.

Gelang gospel ini menunjukkan bagaimana kita telah meninggalkan keluarga Tuhan. Pada mulanya terdapat Tuhan - manik emas. Roh Kudus telah mewujudkan sebuah dunia yang sempurna dengan langit dan laut - manik biru. Dia menciptakan manusia dan meletakkannya di sebuah taman yang indah - manik hijau. Manusia pertama, lelaki dan wanita, telah menderhaka kepada Tuhan dan membawa dosa dan penderitaan ke dunia - manik hitam. Tuhan menghantar Anak-Nya yang tunggal ke dunia dan Dia hidup dalam kehidupan yang sempurna - manik putih. Yesus membayar untuk dosa-dosa kita dengan mengakhiri nyawa-Nya di atas salib - manik merah.

Gelang gospel ini juga menunjukkan kepada kita bagaimana kita boleh kembali kepada keluarga Tuhan dengan menterbalikkan susunan manik tersebut. Tuhan telah berfirman bahawa barangsiapa yang percaya bahawa Yesus mati di atas salib untuk mereka - manik merah - dan bahawa Yesus adalah Anak Tuhan - bead putih - dosa-dosa mereka akan diampunkan - manik hitam. Tuhan mengambil kita kembali ke dalam keluarga-Nya dan kita menjadi lebih seperti Yesus - manik hijau. Tuhan memberikan kita Roh Kudus - manik biru dan menjanjikan yang kita akan bersama-Nya di syurga di mana terdapat jalan-jalan yang diperbuat dari emas, apabila kita mati kelak - manik emas.

Pelajaran ini ditutup dengan menunjukkan bahawa Yesus adalah satu-satunya jalan ke arah Tuhan. Tiada siapa yang sebegitu bijak, cukup baik, cukup kuat, atau cukup mengasihi untuk sampai kepada Tuhan dengan sendirinya. Yesus adalah satu-satunya jalan yang pasti bagi mereka yang ingin berjalan untuk kembali kepada Tuhan. Mengikuti Yesus adalah satu-satunya kebenaran yang akan membebaskan mereka daripada dosa-dosa mereka. Hanya Yesus yang boleh memberikan kehidupan selama-lamanya disebabkan kematian-Nya di atas salib.

# PUJI-PUJIAN

# KEMAJUAN

# MASALAH

# PELAN

## Ulasan

### Selamat Datang
Siapa yang Membina Gereja?
Mengapakah Ia Penting?
Bagaimanakah Yesus Membina Gereja-Nya?

> –1 Korintus 11:1–Hendaklah kamu menurut teladanku, seperti aku pun menurut teladan Kristusus.(NAS)

### Berlatih Seperti Yesus
Bagaimanakah Yesus Melatih Pemimpin?

> –Lukas 6:40–Seorang murid tiada lebih daripada gurunya; tetapi tiap-tiap murid yang sudah cukup pelajaran itu akan menjadi sama seperti gurunya. (HCSB)

### Memimpin Seperti Yesus
Siapakah Yang Yesus Katakan Sebagai Pemimpin yang Terhebat? 🖐
Apakah Tujuh Kualiti Seorang Pemimpin yang Hebat?

> –Yohanes 13:14-15- Jikalau Aku, Tuhan dan Guru, sudah membasuh kakimu, patutlah kamu juga membasuh kaki sama sendiri. Kerana Aku sudah memberi teladan kepada kamu, supaya kamu juga berbuat sama seperti Aku perbuat kepadamu.

### Berkembang Kukuh

Personaliti yang Manakah yang Tuhan telah Berikan Kepada Anda?

Jenis Personaliti yang Manakah yang Paling Dikasihi oleh Tuhan?

Jenis Personaliti yang Manakah yang akan Membuat Pemimpin yang Terbaik?

*–Roma 12:4-5–Kerana sama seperti kita menaruh di dalam satu tubuh banyak anggota, tetapi semua anggota itu bukannya memegang serupa pekerjaan, demikianlah juga kita yang banyak ini menjadi satu tubuh di dalam Kristusus, tetapi masing-masing anggota beranggotakan yang lain.*

### Teguh Bersama

Mengapakah Terdapat Lapan Jenis Orang Di Dunia Ini?

Macam manakah perwatakan Yesus?

Apakah Tiga Pilihan Kita Apabila Konflik Berlaku?

*–Galatia 2:20–Aku telah disalibkan dengan Kristus. Adapun hidupku ini bukannya aku lagi, melainkan Kristus yang hidup di dalam aku. (NAS)*

## Bagaimanakah Saya Boleh Mengongsikan Gospel dengan Mudah?

–LUKAS 24:1-7–

"TETAPI PAGI-PAGI BENAR PADA HARI PERTAMA MINGGU ITU MEREKA PERGI KE KUBUR MEMBAWA REMPAH-REMPAH YANG TELAH DISEDIAKAN MEREKA. MEREKA MENDAPATI BATU SUDAH TERGULING DARI KUBUR ITU, DAN SETELAH MASUK MEREKA TIDAK MENEMUKAN MAYAT TUHAN YESUS. SEMENTARA MEREKA BERDIRI

TERMANGU-MANGU KARENA HAL ITU, TIBA-TIBA ADA
DUA ORANG BERDIRI DEKAT MEREKA MEMAKAI PAKAIAN
YANG BERKILAU-KILAUAN. MEREKA SANGAT KETAKUTAN
DAN MENUNDUKKAN KEPALA, TETAPI KEDUA ORANG ITU
BERKATA KEPADA MEREKA: "MENGAPA KAMU MENCARI
DIA YANG HIDUP, DI ANTARA ORANG MATI? IA TIDAK
ADA DI SINI, IA TELAH BANGKIT. INGATLAH APA YANG
DIKATAKAN-NYA KEPADA KAMU, KETIKA IA MASIH
DI GALILEA, 'YAITU BAHWA ANAK MANUSIA HARUS
DISERAHKAN KE TANGAN ORANG-ORANG BERDOSA
DAN DISALIBKAN, DAN AKAN BANGKIT PADA HARI YANG
KETIGA'"

MANIK EMAS

MANIK BIRU

MANIK HIJAU

MANIK HITAM

MANIK PUTIH

MANIK MERAH

MANIK MERAH

MANIK PUTIH

MANIK HITAM

MANIK HIJAU

MANIK BIRU

MANIK EMAS

## Mengapakah Kita Memerlukan Bantuan Yesus?

1. _____

–YESAYA 55:9–
SEPERTI TINGGINYA LANGIT DARI BUMI, DEMIKIANLAH
TINGGINYA JALAN-KU DARI JALANMU DAN RANCANGAN-
KU DARI RANCANGANMU

✋ Latakkan jari indeks kedua-dua tangan ke tepi
kepala anda dan gelengkan kepala "Tidak".

2. _____

–YESAYA 64:6–
DEMIKIANLAH KAMI SEKALIAN SEPERTI NAJIS DAN SEGALA
KESALAHAN KAMI SEPERTI KAIN KOTOR; KAMI SEKALIAN

MENJADI LAYU SEPERTI DAUN DAN KAMI LENYAP OLEH
KEJAHATAN KAMI SEPERTI DAUN DILENYAPKAN OLEH
ANGIN. (NLT)

✋ Berpura-pura mengambil duit yang banyak dari
poket atau beg duit anda dan gelengkan kepala
"Tidak".

3. _____

–ROMA 7:18–
SEBAB AKU TAHU, BAHWA DI DALAM AKU, YAITU DI
DALAM AKU SEBAGAI MANUSIA, TIDAK ADA SESUATU
YANG BAIK. SEBAB KEHENDAK MEMANG ADA DI DALAM
AKU, TETAPI TIADA KEUPAYAAN UNTUK MEMBUATNYA.
(HCSB)

✋ Angkatkan kedua lengan dalam posisi "lelaki
yang kuat" dan gelengkan kepala "Tidak."

4. _____

–ROMA 3:23–
KERANA SEMUA ORANG TELAH BERBUAT DOSA DAN
TELAH KEHILANGAN KEMULIAAN TUHAN,

✋ Letakkan tangan keluar, seolah-olah sedang
berdiri pada alat penimbang, gerakkannya ke
atas dan ke bawah, dan gelengkan kepala anda
"Tidak".

42

## Ayat-ayat Memori

–YOHANES 14:6–
KATA YESUS KEPADANYA: "AKULAH JALAN DAN KEBENARAN DAN HIDUP. TIDAK ADA SEORANGPUN YANG DATANG KEPADA BAPA, KALAU TIDAK MELALUI AKU."

# LATIHAN

*"Sekarang, kita akan menggunakan proses latihan yang sama yang digunakan oleh Yesus untuk mengamalkan apa yang kita telah pelajari dalam pelajaran kepimpinan ini."*

# PENUTUP

Kuasa di sebalik Melatih Jurulatih

Pelan Yesus Saya

# 7

# Membuat Pengikut

Seorang pemimpin yang baik sentiasa mempunyai rancangan yang baik. Yesus telah memberikan pengikutnya pelan yang mudah, tetapi berkuasa, untuk diikuti oleh gereja mereka dalam Lukas 10: persiapkan hati anda, cari orang yang menyukai keamanan, kongsikan berita yang baik dan nilai keputusannya. Yesus telah memberikan kita pelan yang baik untuk diikuti.

Sama ada kita hendak memulakan sebuah kumpulan di sebuah gereja, sebuah gereja baru ataupun kumpulan sel, langkah-langkah yang terdapat di dalam pelan Yesus akan membantu kita untuk mengelak daripada melakukan kesilapan yang tidak perlu. Pelajaran ini mengajar para pemimpin bagaimana untuk membimbing antara satu sama lain untuk melaksanakan pelan Yesus peribadi mereka. Mereka juga akan mula bekerja ke arah pembentangan pelan Yesus mereka untuk kumpulan itu.

# Puji-Pujian

# Kemajuan

# Masalah

# Pelan

## Ulasan

### Selamat Datang

Siapa yang Membina Gereja?

Mengapakah Ia Penting?

Bagaimanakah Yesus Membina Gereja-Nya?

> *–1 Korintus 11:1–Hendaklah kamu menurut teladanku, seperti aku pun menurut teladan Kristusus.(NAS)*

### Berlatih Seperti Yesus

Bagaimanakah Yesus Melatih Pemimpin?

> *–Lukas 6:40–Seorang murid tiada lebih daripada gurunya; tetapi tiap-tiap murid yang sudah cukup pelajaran itu akan menjadi sama seperti gurunya. (HCSB)*

## Memimpin Seperti Yesus

Siapakah Yang Yesus Katakan Sebagai Pemimpin yang Terhebat? ✋

Apakah Tujuh Kualiti Seorang Pemimpin yang Hebat?

*–Yohanes 13:14-15–Jikalau Aku, Tuhan dan Guru, sudah membasuh kakimu, patutlah kamu juga membasuh kaki sama sendiri. Kerana Aku sudah memberi teladan kepada kamu, supaya kamu juga berbuat sama seperti Aku perbuat kepadamu.*

## Berkembang Kukuh

Personaliti yang Manakah yang Tuhan telah Berikan Kepada Anda?

Jenis Personaliti yang Manakah yang Paling Dikasihi oleh Tuhan?

Jenis Personaliti yang Manakah yang akan Membuat Pemimpin yang Terbaik?

*–Roma 12:4-5–Kerana sama seperti kita menaruh di dalam satu tubuh banyak anggota, tetapi semua anggota itu bukannya memegang serupa pekerjaan, demikianlah juga kita yang banyak ini menjadi satu tubuh di dalam Kristusus, tetapi masing-masing anggota beranggotakan yang lain.*

## Teguh Bersama

Mengapakah Terdapat Lapan Jenis Orang Di Dunia Ini?

Macam manakah perwatakan Yesus?

Apakah Tiga Pilihan Kita Apabila Konflik Berlaku?

*–Galatia 2:20–Aku telah disalibkan dengan Kristus. Adapun hidupku ini bukannya aku lagi, melainkan Kristus yang hidup di dalam aku. (NAS)*

### Kongsikan Gospel

Bagaimanakah Saya Boleh Mengongsikan Gospel Dengan Mudah?

Mengapakah Kita Memerlukan Bantuan Yesus?

*—Yohanes 14:6–Kata Yesus kepadanya: "Akulah jalan dan kebenaran dan hidup. Tidak ada seorangpun yang datang kepada Bapa, kalau tidak melalui Aku."*

## Apakah Langkah Pertama Dalam Pelan Yesus?

–Lukas 10:1-4–

[1]Kemudian dari pada itu Tuhan menunjuk tujuh puluh dua murid yang lain, lalu mengutus mereka berdua-dua mendahului-Nya ke setiap kota dan tempat yang hendak dikunjungi-Nya.

[2]Kata-Nya kepada mereka: "Tuaian memang banyak, tetapi pekerja sedikit. Karena itu mintalah kepada Tuan yang empunya tuaian, supaya Ia mengirimkan pekerja-pekerja untuk tuaian itu.

[3]Pergilah, sesungguhnya Aku mengutus kamu seperti anak domba ke tengah-tengah serigala.

[4]Janganlah membawa pundi-pundi atau bekal atau kasut, dan janganlah memberi salam kepada siapapun selama dalam perjalanan.

### ✦ Bersandar Pada Saya ✦

✋ Gunakan jari indeks dan jari tengah pada kedua-dua tangan untuk "berjalan" bersama-sama.

# PERGI KE MANA YESUS SEDANG BEKERJA (1)

- Letakkan satu tangan di atas hati anda dan gelengkan kepala mengatakan 'tidak'.

- Letakkan satu tangan di atas mata anda, lihat dan cari ke kiri dan kanan.

- Tujukan tangan ke satu tempat di hadapan anda dan anggukkan kepala "ya".

- Naikkan tangan ke atas dalam puji-pujian dan kemudian silangkannya di atas hati anda.

# BERDOA UNTUK PEMIMPIN DARI HASIL TUAIAN (2)

- Tangan diangkatkan dalam penyembahan.

- Tapak tangan dihala keluar dan menutupi muka; kepala dipusingkan ke arah lain.

- Tangan dicangkukkan untuk menerima.

- Tangan dilipatkan dalam kedudukan berdoa dan diletakkan tinggi berhampiran dengan dahi kita sebagai tanda hormat.

*"Tuliskan pada lajur pertama "Pelan Jesus Saya", nama-nama bagi bakal pemimpin yang anda berdoa untuk di tempat yang anda bakal pergi."*

## PERGI DENGAN RENDAH DIRI (3)

### ❧ Pemimpin yang Hebat ❧

🖐 Letakkan tangan dalam posisi "tangan yang berdoa" dan tunduk.

## BERGANTUNGLAH PADA TUHAN, BUKANNYA WANG (4)

### ❧ Wang adalah seperti Madu ❧

🖐 Berpura-pura untuk mengeluarkan duit dari poket baju anda, gelengkan kepala "tidak," dan kemudian tunjuk ke arah syurga dan anggukkan kepala anda "ya".

## PERGI TERUS KE MANA DIA MEMANGGIL (4)

### ❧ Gangguan yang Baik ❧

🖐 Letakkan tapak tangan dan jarii dari kedua-dua tangan bersama dan buatkan pergerakan "Dengan Segera".

49

*"Tuliskan di dalam lajur pertama "Pelan Jesus Saya", dalam nota anda, satu senarai gangguan-gangguan yang mungkin anda hadapi."*

## Ayat-ayat Memori

–LUKAS 10:2–
KATA-NYA KEPADA MEREKA: "TUAIAN MEMANG BANYAK, TETAPI PEKERJA SEDIKIT. KARENA ITU MINTALAH KEPADA TUAN YANG EMPUNYA TUAIAN, SUPAYA IA MENGIRIMKAN PEKERJA-PEKERJA UNTUK TUAIAN ITU."

## LATIHAN

## PENUTUP

## Pelan Yesus Saya

# 8

# Memulakan Kumpulan

Para pemimpin telah mempersiapkan hati mereka dalam Langkah 1 dari Pelan Yesus. Pelajaran "Memulakan Kumpulan" meliputi langkah-langkah 2, 3 dan 4. Kita boleh mengelakkan banyak kesilapan dalam berdakwah dan dalam misi kita hanya dengan mengikuti prinsip-prinsip Pelan Yesus dari Lukas 10. Para pemimpin menerapkan prinsip-prinsip ini pada akhir sesi ini dengan mengisikan "Pelan Yesus" peribadi mereka.

Langkah kedua adalah tentang membentuk perhubungan. Kita menyertai Tuhan di mana Dia bekerja dan mencari orang-orang yang berpengaruh dan responsif kepada mesej yang ingin kita sampaikan. Kita menerima makanan dan minuman yang mereka hidangkan untuk menunjukkan bahawa kita menerima mereka. Kita tidak melonjak dari satu persahabatan ke persahabatan yang lain kerana ini bercanggah dengan mesej perdamaian yang kita sampaikan.

Kita mengongsikan berita baik itu dalam Langkah ketiga. Yesus adalah seorang gembala dan mahu melindungi dan menyediakan keperluan orang-orang-Nya. Dalam langkah ini, jurulatih menggalakkan pemimpin untuk mencari jalan untuk membawa penyembuhan di samping mereka berdakwah. Orang ramai tidak akan mengambil berat tentang apa yang anda tahu sehinggalah mereka tahu bahawa anda mengambil berat. Menyembuhkan yang sakit membuka pintu untuk mengongsikan gospel.

Kita menilai keputusan yang diperoleh dan menyesuaikan diri dalam Langkah 4. Bagaimana orang ramai menerimanya? Adakah terdapat minat yang ikhlas terhadap hal-hal rohani atau adakah sifat ingin tahu mereka dipandu oleh sebab-sebab lain seperti wang? Sekiranya orang ramai memberikan respon, kita boleh meneruskan misi tersebut. Sekiranya orang ramai tidak memberikan respon, Yesus menyuruh kita untuk meninggalkan tempat tersebut dan bermula di tempat yang lain.

## Puji-Pujian

## Kemajuan

## Masalah

## Pelan

# Ulasan

### Selamat Datang

Siapa yang Membina Gereja?

Mengapakah Ia Penting?

Bagaimanakah Yesus Membina Gereja-Nya?

> *–1 Korintus 11:1–Hendaklah kamu menurut teladanku, seperti aku pun menurut teladan Kristusus.(NAS)*

### Berlatih Seperti Yesus

Bagaimanakah Yesus Melatih Pemimpin?

> *–Lukas 6:40–Seorang murid tiada lebih daripada gurunya; tetapi tiap-tiap murid yang sudah cukup pelajaran itu akan menjadi sama seperti gurunya. (HCSB)*

### Memimpin Seperti Yesus

Siapakah Yang Yesus Katakan Sebagai Pemimpin yang Terhebat? 🖐

Apakah Tujuh Kualiti Seorang Pemimpin yang Hebat?

> *–Yohanes 13:14-15–Jikalau Aku, Tuhan dan Guru, sudah membasuh kakimu, patutlah kamu juga membasuh kaki sama sendiri. Kerana Aku sudah memberi teladan kepada kamu, supaya kamu juga berbuat sama seperti Aku perbuat kepadamu.*

### Berkembang Kukuh

Personaliti yang Manakah yang Tuhan telah Berikan
Kepada Anda?

Jenis Personaliti yang Manakah yang Paling Dikasihi oleh
Tuhan?

Jenis Personaliti yang Manakah yang akan Membuat
Pemimpin yang Terbaik?

*–Roma 12:4-5–Kerana sama seperti kita menaruh*
*di dalam satu tubuh banyak anggota, tetapi*
*semua anggota itu bukannya memegang serupa*
*pekerjaan, demikianlah juga kita yang banyak*
*ini menjadi satu tubuh di dalam Kristusus, tetapi*
*masing-masing anggota beranggotakan yang lain.*

### Teguh Bersama

Mengapakah Terdapat Lapan Jenis Orang Di Dunia Ini?

Macam manakah perwatakan Yesus?

Apakah Tiga Pilihan Kita Apabila Konflik Berlaku?

*–Galatia 2:20–Aku telah disalibkan dengan Kristus.*
*Adapun hidupku ini bukannya aku lagi, melainkan*
*Kristus yang hidup di dalam aku. (NAS)*

### Kongsikan Gospel

Bagaimanakah Saya Boleh Mengongsikan Gospel Dengan
Mudah?

Mengapakah Kita Memerlukan Bantuan Yesus?

*–Yohanes 14:6–Kata Yesus kepadanya: "Akulah*
*jalan dan kebenaran dan hidup. Tidak ada*
*seorangpun yang datang kepada Bapa, kalau tidak*
*melalui Aku."*

54

**Membuat Pengikut**

Apakah Langkah Pertama Dala Pelan Yesus?

*–Lukas 10:2–Kata-Nya kepada mereka: "Tuaian memang banyak, tetapi pekerja sedikit. Karena itu mintalah kepada Tuan yang empunya tuaian, supaya Ia mengirimkan pekerja-pekerja untuk tuaian itu."*

## Apakah Langkah Kedua Dalam Pelan Yesus?

–LUKAS 10:5-8–

[5]"KALAU KAMU MEMASUKI SUATU RUMAH, KATAKANLAH LEBIH DAHULU: DAMAI SEJAHTERA BAGI RUMAH INI.'

[6]DAN JIKALAU DI SITU ADA ORANG YANG LAYAK MENERIMA DAMAI SEJAHTERA, MAKA SALAMMU ITU AKAN TINGGAL ATASNYA. TETAPI JIKA TIDAK, SALAMMU ITU KEMBALI KEPADAMU.

[7]TINGGALLAH DALAM RUMAH ITU, MAKAN DAN MINUMLAH APA YANG DIBERIKAN ORANG KEPADAMU, SEBAB SEORANG PEKERJA PATUT MENDAPAT UPAHNYA. JANGANLAH BERPINDAH-PINDAH RUMAH.

[8]"DAN JIKALAU KAMU MASUK KE DALAM SEBUAH KOTA DAN KAMU DITERIMA DI SITU, MAKANLAH APA YANG DIHIDANGKAN KEPADAMU.

## CARI ORANG-ORANG KEAMANAN (5, 6)

✋ Genggamkan tangan bersama-sama seolah-olah seperti rakan yang sedang bersalaman.

## MAKAN DAN MINUM APA YANG MEREKA BERIKAN (7, 8)

✋ Pretend to eat and drink. Then rub stomach as if the food is good.

## JANGAN BERPINDAH DARI RUMAH KE RUMAH (7)

✋ Buatkan garisan bentuk bumbung sebuah rumah menggunakan kedua-dua tangan. Pindahkan rumah tersebut ke beberapa tempat lain dan gelengkan kepala, "Tidak."

### ✍ Bagaimana untuk Membuatkan Satu Perkampungan Marah ✍

## Apakah Langkah Ketiga Dalam Pelan Yesus?

–LUKAS 10:9–
DAN SEMBUHKANLAH ORANG-ORANG YANG SAKIT YANG ADA DI SITU DAN KATAKANLAH KEPADA MEREKA: KERAJAAN TUHAN SUDAH DEKAT PADAMU.

## SEMBUHKAN YANG SAKIT (9)

✋ Panjangkan lengan seolah-olah anda sedang meletakkan tangan pada seorang yang sakit untuk disembuhkan.

56

## KONGSIKAN GOSPEL (9)

✋ Cangkukkan tangan berdekatan dengan mulut seolah-olah anda sedang memegang satu megafon.

### ∽ Burung Bersayap Dua ∽

## Apakah Langkat Keempat Dalam Pelan Yesus?

–Lukas 10:10-11–
Tetapi jikalau kamu masuk ke dalam sebuah kota dan kamu tidak diterima di situ, pergilah ke jalan-jalan raya kota itu dan serukanlah: 'Juga debu kotamu yang melekat pada kaki kami, kami kebaskan di depanmu; tetapi ketahuilah ini: Kerajaan Tuhan sudah dekat.'

---

## NILAI BAGAIMANA MEREKA MERESPON (10, 11)

✋ Halakan tapak tangan keluar seolah-olah menggunakan skala pengimbangan. Gerakkan skala ke atas dan ke bawah dengan wajah yang mempersoalkan pada muka anda.

## PERGI SEKIRANYA MEREKA TIDAK MERESPON (11)

✋ Melambai selamat tinggal.

## Ayat-ayat Memori

–LUKAS 10:9–
DAN SEMBUHKANLAH ORANG-ORANG SAKIT YANG ADA
DI SITU DAN KATAKANLAH KEPADA MEREKA: "KERAJAAN
TUHANSUDAH DEKAT PADAMU."

## LATIHAN

## PENUTUP

## Pelan Yesus Saya

# 9

# Menambahkan Kumpulan

Gereja yang membangun dan menambah dengan sihat adalah hasil daripada bertambah teguh dengan Tuhan, mengongsikan gospel, membuat pengikut, memulakan kumpulan dan melatih pemimpin. Walau bagaimanapun, kebanyakan pemimpin tidak pernah memulakan gereja dan tidak tahu di mana untuk bermula. "Menambahkan Kumpulan" memperkenalkan tempat-tempat di mana kita perlu memfokus apabila kita memulakan kumpulan yang akan membawa kepada penubuhan gereja. Di dalam buku Kisah Para Rasul, Yesus memerintahkan kita untuk memulakan kumpulan empat kawasan yang berbeza. Beliau berkata untuk memulakan kumpulan di bandar dan di rantau di mana kita menetap. Kemudian, Dia berkata untuk memulakan perkumpulan baru di rantau jiran dan di mana terdapat kumpulan etnik yang berbeza dari kawasan tempat kita menetap. Akhirnya, Yesus memerintahkan kita untuk pergi ke tempat-tempat yang jauh dan menjangkau setiap kumpulan etnik di dunia. Jurulatih menggalakkan para pemimpin mengamalkan kebaikan hati Yesus untuk semua orang dan membuat rancangan untuk menjangkau Yerusalem, Judea, Samaria mereka dan ke hujung dunia. Para pemimpin menambahkan komitmen ini kepada "Pelan Yesus" mereka.

Buku Kisah Para Rasul juga menerangkan kerja-kerja yang dilakukan oleh empat jenis pemula kumpulan. Petrus, seorang pastor, membantu memulakan satu kumpulan di rumah Cornelius. Paul, seorang awam biasa, mengembara keseluruh Empayar Rom dan memulakan kumpulan. Priscilla & Aquila, pemilik perniagaan yang bekerja sendiri, memulakan kumpulan di mana sahaja perniagaan mereka membawa mereka. Orang-orang yang 'ditindak' di dalam Kisah 8, bertaburan dan memulakan kumpulan di mana sahaja mereka pergi. Dalam pelajaran ini, pemimpin-pemimpin mengenalpasti pemula kumpulan yang mungkin di dalam aliran pengaruh mereka dan menambahkan mereka ke "Pelan Yesus" mereka. Sesi berakhir dengan menangani andaian bahawa memulakan gereja memerlukan akaun bank yang besar. Kebanyakan gereja bermula di rumah dengan perbelanjaan yang lebih sedikit daripada sebuah AlKitab.

## Puji-Pujian

## Kemajuan

## Masalah

## Pelan

# Ulasan

### Selamat Datang

Siapa yang Membina Gereja?

Mengapakah Ia Penting?

Bagaimanakah Yesus Membina Gereja-Nya?

*–1 Korintus 11:1–Hendaklah kamu menurut teladanku, seperti aku pun menurut teladan Kristusus.(NAS)*

### Berlatih Seperti Yesus

Bagaimanakah Yesus Melatih Pemimpin?

*–Lukas 6:40–Seorang murid tiada lebih daripada gurunya; tetapi tiap-tiap murid yang sudah cukup pelajaran itu akan menjadi sama seperti gurunya. (HCSB)*

### Memimpin Seperti Yesus

Siapakah Yang Yesus Katakan Sebagai Pemimpin yang Terhebat?

Apakah Tujuh Kualiti Seorang Pemimpin yang Hebat?

*–Yohanes 13:14-15–Jikalau Aku, Tuhan dan Guru, sudah membasuh kakimu, patutlah kamu juga membasuh kaki sama sendiri. Kerana Aku sudah memberi teladan kepada kamu, supaya kamu juga berbuat sama seperti Aku perbuat kepadamu.*

### Berkembang Kukuh

Personaliti yang Manakah yang Tuhan telah Berikan
Kepada Anda?

Jenis Personaliti yang Manakah yang Paling Dikasihi oleh
Tuhan?

Jenis Personaliti yang Manakah yang akan Membuat
Pemimpin yang Terbaik?

> *–Roma 12:4-5–Kerana sama seperti kita menaruh
> di dalam satu tubuh banyak anggota, tetapi
> semua anggota itu bukannya memegang serupa
> pekerjaan, demikianlah juga kita yang banyak
> ini menjadi satu tubuh di dalam Kristusus, tetapi
> masing-masing anggota beranggotakan yang lain.*

### Teguh Bersama

Mengapakah Terdapat Lapan Jenis Orang Di Dunia Ini?

Macam manakah perwatakan Yesus?

Apakah Tiga Pilihan Kita Apabila Konflik Berlaku?

> *–Galatia 2:20–Aku telah disalibkan dengan Kristus.
> Adapun hidupku ini bukannya aku lagi, melainkan
> Kristus yang hidup di dalam aku. (NAS)*

### Kongsikan Gospel

Bagaimanakah Saya Boleh Mengongsikan Gospel Dengan
Mudah?

Mengapakah Kita Memerlukan Bantuan Yesus?

> *–Yohanes 14:6–Kata Yesus kepadanya: "Akulah
> jalan dan kebenaran dan hidup. Tidak ada
> seorangpun yang datang kepada Bapa, kalau tidak
> melalui Aku."*

### Membuat Pengikut

Apakah Langkah Pertama Dala Pelan Yesus?

*–Lukas 10:2–Kata-Nya kepada mereka: "Tuaian memang banyak, tetapi pekerja sedikit. Karena itu mintalah kepada Tuan yang empunya tuaian, supaya Ia mengirimkan pekerja-pekerja untuk tuaian itu."*

### Memulakan Kumpulan

Apakah Langkah Kedua dalam Pelan Yesus?
Apakah Langkah Ketiga Dalam Pelan Yesus?
Apakah Langkah Keempat Dalam Pelan Yesus?

*–Lukas 10:9–Dan sembuhkanlah orang-orang sakit yang ada di situ dan katakanlah kepada mereka: "Kerajaan Tuhan sudah dekat padamu."*

## Di manakah empat tempat di mana Yesus telah mengarahkan penganutnya untuk memulakan kumpulan?

–Kisah Para Rasul 1:8–

Tetapi kamu akan menerima kuasa, kalau Roh Kudus turun ke atas kamu, dan kamu akan menjadi saksi-Ku di Yerusalem dan di seluruh Yudea dan Samaria dan sampai ke hujung bumi.

1. _____

2. _____

3. _____

4. _____

## Apakah empat cara untuk memulakan sebuah kumpulan atau gereja?

1. _____

–KISAH PARA RASUL 10:9–
KEESOKAN HARINYA KETIKA KETIGA ORANG ITU BERADA DALAM PERJALANAN DAN SUDAH DEKAT KOTA YOPE, KIRA-KIRA PUKUL DUA BELAS TENGAH HARI, NAIKLAH PETRUS KE ATAS RUMAH UNTUK BERDOA. (NLT)

2. _____

–KISAH PARA RASUL 13:2–
PADA SUATU HARI KETIKA MEREKA BERIBADAH KEPADA TUHAN DAN BERPUASA, BERKATALAH ROH KUDUS: "KHUSUSKANLAH BARNABAS DAN SAULUS BAGI-KU UNTUK TUGAS YANG TELAH KUTENTUKAN BAGI MEREKA" (NAS)

3. _____

-I KORINTUS 16:19–
SALAM KEPADAMU DARI JEMAAT-JEMAAT DI ASIA KECIL.
AKWILA, PRISKILA DAN JEMAAT DI RUMAH MEREKA
MENYAMPAIKAN BERLIMPAH-LIMPAH SALAM KEPADAMU.

4. _____

-KISAH PARA RASUL 8:1–
SAULUS JUGA SETUJU, BAHWA STEFANUS MATI DIBUNUH.
(8-1B) PADA WAKTU ITU MULAILAH PENGANIAYAAN
YANG HEBAT TERHADAP JEMAAT DI YERUSALEM. MEREKA
SEMUA, KECUALI RASUL-RASUL, TERSEBAR KE SELURUH
DAERAH YUDEA DAN SAMARIA. (NLT)

## Ayat-ayat Memori

-KISAH PARA RASUL 1:8–
TETAPI KAMU AKAN MENERIMA KUASA, KALAU ROH
KUDUS TURUN KE ATAS KAMU, DAN KAMU AKAN MENJADI
SAKSI-KU DI YERUSALEM DAN DI SELURUH YUDEA DAN
SAMARIA DAN SAMPAI KE HUJUNG BUMI.

# LATIHAN

# PENUTUP

Berapakah kos yang diperlukan untuk memulakan satu gereja yang baru?

Pelan Yesus Saya

## SATU LAGI SOALAN YANG LAZIM

Bagaimanakah anda bekerja dengan orang-orang yang buta huruf dalam sesi latihan?

# 10

# Ikuti Yesus

Para pemimpin telah mempelajari di dalam *Melatih Pemimpin Radikal*, siapakah yang membina gereja dan mengapa ianya penting. Mereka telah menguasai lima bahagian daripada strategi Yesus untuk menjangkau dunia dan melatih satu sama lain. Mereka memahami tujuh kualiti pemimpin yang hebat, telah membina "pokok latihan" mereka untuk masa hadapan, dan tahu bagaimana untuk bekerja dengan personaliti yang berbeza. Setiap pemimpin mempunyai pelan berdasarkan Pelan Yesus dalam Lukas 10. "Ikuti Yesus" membincangkan satu bahagian kepimpinan yang terakhir: motivasi.

Dua ribu tahun yang lalu, orang mengikuti Yesus kerana pelbagai sebab. Sesetengahnya, seperti James dan Yohanes, mempercayai bahawa mengikuti Yesus akan membawa mereka kemasyhuran. Yang lain pula, seperti orang Farisi, mengikuti-Nya untuk mengkritik dan menunjuk-nunjukkan kehebatan mereka. Yang lain lagi, seperti Yudas, mengikuti Yesus untuk wang. Sekumpulan 5000 pengikut mahu mengikuti Yesus kerana Dia menyediakan makanan yang mereka perlukan. Sekumpulan yang lain mengikuti Yesus kerana mereka memerlukan penyembuhan, dan hanya seorang sahaja yang kembali untuk mengucapkan terima kasih. Malangnya, ramai orang lain juga mengikuti Yesus demi kepentingan mereka sendiri dan untuk apa yang Dia boleh berikan kepada mereka. Keadaan masa kini juga tidak berbeza. Sebagai pemimpin, kita harus melihat diri kita sendiri dan bertanya, "Mengapa saya mengikuti Yesus?"

Yesus memuji orang-orang yang mengikuti-Nya dari hati yang penuh kasih sayang. Hadiah mewah berupa minyak wangi dari seorang wanita yang tidak dipedulikan membawa bersamanya janji peringatan di mana-mana gospel telah dikongsikan. Hama seorang balu menyentuh hati Yesus lebih daripada semua emas di sebuah kuil. Yesus juga telah kecewa apabila seorang lelaki muda yang mempunyai harapan yang cerah enggan untuk mengasihi Tuhan dengan sepenuh hatinya dan sebaliknya memilih harta benda yang mewah. Yesus hanya menanyakan Petrus satu soalan untuk memulihkannya selepas pengkhianatannya, "Simon, adakah anda mengasihi saya?" Pemimpin yang bersifat kerohanian sukakan rakyatnya dan mengasihi Tuhan.

Sesi ini akan diakhiri dengan setiap pemimpin mengongsikan "Pelan Yesus" mereka. Para pemimpin berdoa untuk satu sama lain, memberikan komitmen untuk bekerja bersama-sama dan melatih pemimpin-pemimpin yang baru demi kasih sayang dan kemuliaan Tuhan.

# Puji-Pujian

# Kemajuan

### Selamat Datang

Siapa yang Membina Gereja?

Mengapakah Ia Penting?

Bagaimanakah Yesus Membina Gereja-Nya?

*-1 Korintus 11:1-Hendaklah kamu menurut teladanku, seperti aku pun menurut teladan Kristusus.(NAS)*

### Berlatih Seperti Yesus

Bagaimanakah Yesus Melatih Pemimpin?

*-Lukas 6:40-Seorang murid tiada lebih daripada gurunya; tetapi tiap-tiap murid yang sudah cukup pelajaran itu akan menjadi sama seperti gurunya. (HCSB)*

### Memimpin Seperti Yesus

Siapakah Yang Yesus Katakan Sebagai Pemimpin yang Terhebat?

Apakah Tujuh Kualiti Seorang Pemimpin yang Hebat?

*-Yohanes 13:14-15-Jikalau Aku, Tuhan dan Guru, sudah membasuh kakimu, patutlah kamu juga membasuh kaki sama sendiri. Kerana Aku sudah memberi teladan kepada kamu, supaya kamu juga berbuat sama seperti Aku perbuat kepadamu.*

### Berkembang Kukuh

Personaliti yang Manakah yang Tuhan telah Berikan Kepada Anda?

Jenis Personaliti yang Manakah yang Paling Dikasihi oleh Tuhan?

Jenis Personaliti yang Manakah yang akan Membuat Pemimpin yang Terbaik?

69

*-Roma 12:4-5-Kerana sama seperti kita menaruh di dalam satu tubuh banyak anggota, tetapi semua anggota itu bukannya memegang serupa pekerjaan, demikianlah juga kita yang banyak ini menjadi satu tubuh di dalam Kristusus, tetapi masing-masing anggota beranggotakan yang lain.*

### Teguh Bersama

Mengapakah Terdapat Lapan Jenis Orang Di Dunia Ini?

Macam manakah perwatakan Yesus?

Apakah Tiga Pilihan Kita Apabila Konflik Berlaku?

*-Galatia 2:20-Aku telah disalibkan dengan Kristus. Adapun hidupku ini bukannya aku lagi, melainkan Kristus yang hidup di dalam aku. (NAS)*

### Kongsikan Gospel

Bagaimanakah Saya Boleh Mengongsikan Gospel Dengan Mudah?

Mengapakah Kita Memerlukan Bantuan Yesus?

*-Yohanes 14:6-Kata Yesus kepadanya: "Akulah jalan dan kebenaran dan hidup. Tidak ada seorangpun yang datang kepada Bapa, kalau tidak melalui Aku."*

### Membuat Pengikut

Apakah Langkah Pertama Dala Pelan Yesus?

*-Lukas 10:2-Kata-Nya kepada mereka: "Tuaian memang banyak, tetapi pekerja sedikit. Karena itu mintalah kepada Tuan yang empunya tuaian, supaya Ia mengirimkan pekerja-pekerja untuk tuaian itu."*

### Memulakan Kumpulan

Apakah Langkah Kedua dalam Pelan Yesus?

Apakah Langkah Ketiga Dalam Pelan Yesus?

Apakah Langkah Keempat Dalam Pelan Yesus?

*–Lukas 10:9–Dan sembuhkanlah orang-orang sakit yang ada di situ dan katakanlah kepada mereka: "Kerajaan Tuhan sudah dekat padamu."*

### Menambahkan Kumpulan

Di manakah empat tempat di mana Yesus telah mengarahkan penganutnya untuk memulakan kumpulan?

Apakah empat cara untuk memulakan gereja?

Berapakah Kos yang Diperlukan untuk Memulakan Sebuah Gereja yang Baru?

*–Kisah Para Rasul 1:8–Tetapi kamu akan menerima kuasa, kalau Roh Kudus turun ke atas kamu, dan kamu akan menjadi saksi-Ku di Yerusalem dan di seluruh Yudea dan Samaria dan sampai ke hujung bumi.*

# PELAN

## Mengapakah Anda Mengikuti Yesus?

1. _____

–MARKUS 10:35-37–

LALU YAKOBUS DAN YOHANES, ANAK-ANAK ZEBEDEUS, MENDEKATI YESUS DAN BERKATA KEPADA-NYA: "GURU,

KAMI HARAP SUPAYA ENGKAU KIRANYA MENGABULKAN SUATU PERMINTAAN KAMI!" JAWAB-NYA KEPADA MEREKA: "APA YANG KAMU KEHENDAKI AKU PERBUAT BAGIMU?" LALU KATA MEREKA: "PERKENANKANLAH KAMI DUDUK DALAM KEMULIAAN-MU KELAK, YANG SEORANG LAGI DI SEBELAH KANAN-MU DAN YANG SEORANG DI SEBELAH KIRI-MU." (NAS)

2. _____

–LUKAS 11:53-54–

DAN SETELAH YESUS BERANGKAT DARI TEMPAT ITU, AHLI-AHLI TAURAT DAN ORANG-ORANG FARISI TERUS-MENERUS MENGINTAI DAN MEMBANJIRI-NYA DENGAN RUPA-RUPA SOAL. UNTUK ITU MEREKA BERUSAHA MEMANCING-NYA, SUPAYA MEREKA DAPAT MENANGKAP-NYA BERDASARKAN SESUATU YANG DIUCAPKAN-NYA. (NLT)

3. _____

–YOHANES 12:4-6–

TETAPI YUDAS ISKARIOT, SEORANG DARI MURID-MURID YESUS, YANG AKAN SEGERA MENYERAHKAN DIA, BERKATA: "MENGAPA MINYAK WANGI INI TIDAK DIJUAL UNTUK TIGA RATUS DINAR DAN WANGNYA DIBERIKAN KEPADA ORANG-ORANG MISKIN? IANYA SAMA NILAI DENGAN GAJI SETAHUN." HAL ITU DIKATAKANNYA BUKAN KERANA IA MEMPERHATIKAN NASIB ORANG-ORANG MISKIN, TETAPI KERANA DIA ADALAH SEORANG PENCURI; DIA SERING MENGAMBIL WANG YANG DISIMPAN DALAM KAS YANG DIPEGANGNYA.

4. _____

–YOHANES 6:11-15–

LALU YESUS MENGAMBIL ROTI ITU, MENGUCAP SYUKUR DAN MEMBAHAGI-BAHAGIKANNYA KEPADA MEREKA YANG DUDUK DI SITU, DEMIKIAN JUGA DIBUAT-NYA DENGAN IKAN-IKAN ITU, SEBANYAK YANG MEREKA KEHENDAKI. DAN SETELAH MEREKA KENYANG IA BERKATA KEPADA MURID-MURID-NYA: "KUMPULKANLAH POTONGAN-POTONGAN YANG LEBIH SUPAYA TIDAK ADA YANG TERBUANG." MAKA MEREKAPUN MENGUMPULKANNYA, DAN MENGISI DUA BELAS BAKUL PENUH DENGAN POTONGAN-POTONGAN DARI KELIMA ROTI JELAI YANG LEBIH SETELAH ORANG MAKAN. KETIKA ORANG-ORANG ITU MELIHAT MUKJIZAT YANG TELAH DIADAKAN-NYA, MEREKA BERKATA: "DIA INI ADALAH BENAR-BENAR NABI YANG AKAN DATANG KE DALAM DUNIA." KERANA YESUS TAHU, BAHWA MEREKA HENDAK DATANG DAN HENDAK MEMBAWA DIA DENGAN PAKSA UNTUK MENJADIKAN DIA RAJA, DIA MELARIKAN DIRI PULA KE GUNUNG, SEORANG DIRI.

5. _____

–LUKAS 17:12-14–

KETIKA DIA MEMASUKI SUATU KAMPUNG DATANGLAH SEPULUH ORANG KUSTA MENEMUI-NYA. MEREKA BERDIRI AGAK JAUH DAN MENJERIT: "YESUS, GURU, KASIHANILAH KAMI!" LALU DIA MEMANDANG MEREKA DAN BERKATA: "PERGILAH, PERLIHATKANLAH DIRIMU KEPADA PADERI-PADERI." DAN SEMENTARA MEREKA DALAM PERJALANAN KE SANA, MEREKA TELAH SEMBUH. (CEV)

*Adakah anda masih ingat akan wanita terbuang yang berdosa, yang menuangkan minyak wangi yang mahal ke atas Yesus?*

–MATIUS 26:13–
"AKU BERKATA KEPADAMU: SESUNGGUHNYA DI MANA SAJA INJIL INI DIBERITAKAN DI SELURUH DUNIA, APA YANG DILAKUKANNYA INI AKAN DISEBUT JUGA UNTUK MENGINGAT DIA." (NAS)

*"Adakah anda masih ingat akan balu yang miskin itu? Pemberiannya menyentuh hati Yesus lebih daripada semua kekayaan di dalam kuil tersebut."*

–LUKAS 21:3–
LALU IA BERKATA: "AKU BERKATA KEPADAMU, SESUNGGUHNYA JANDA MISKIN INI MEMBERI LEBIH BANYAK DARI PADA SEMUA ORANG ITU." (NLT)

*"Adakah anda masih ingat akan satu soalan yang ditanya oleh Yesus kepada Petrus setelah dia mengkhianati-Nya?"*

–YOHANES 21:17–
KATA YESUS KEPADANYA UNTUK KETIGA KALINYA: "SIMON, ANAK YOHANES, APAKAH ENGKAU MENGASIHI AKU?" MAKA SEDIH HATI PETRUS KARENA YESUS BERKATA UNTUK KETIGA KALINYA: "APAKAH ENGKAU MENGASIHI AKU?" DAN IA BERKATA KEPADA-NYA: "TUHAN, ENGKAU TAHU SEGALA SESUATU, ENGKAU TAHU, BAHWA AKU MENGASIHI ENGKAU." KATA YESUS KEPADANYA: "GEMBALAKANLAH DOMBA-DOMBA-KU."

# PEMBENTANGAN PELAN YESUS

# Melatih Pemimpin

*Melatih Pemimpin Radikal* direka berasaskan kursus yang pertama, *Membuat Pengikut Radikal*, dan membantu mereka yang telah memulakan kumpulan penganut untuk berkembang sebagai pemimpin dan mengembangkan lebih banyak kumpulan.

## HASIL-HASIL LATIHAN

Selepas melengkapkan seminar latihan ini, para peserta akan dapat:

- Mengajar pemimpin lain mengenai 10 pengajaran teras kepimpinan.
- Melatih pemimpin lain yang menggunakan proses yang boleh diulang dan dimodelkan oleh Yesus
- Mengenal pasti jenis personaliti yang berbeza dan membantu orang-orang bekerjasama sebagai satu pasukan.
- Membangunkan pelan strategik untuk mengetahui tahap kehilangan rohani di dalam komuniti mereka dan memperbanyakkan lagi perkumpulan baru.
- Memahami bagaimana untuk memimpin sebuah pergerakan penubuhan gereja.

# PROSES LATIHAN

Setiap sesi latihan kepimpinan mengikut format yang sama, berdasarkan bagaimana Yesus melatih pengikutnya sebagai pemimpin. Satu panduan pengajaran generik juga boleh didapati, yang disertakan dengan tempoh masa yang dicadangkan.

## PUJI-PUJIAN

- Nyanyikan dua korus atau pujian bersama–sama (atau lebih sekiranya masa mengizinkan).

(10 minit)

## KEMAJUAN

- Salah seorang pemimpin berkongsi mengenai kemajuan di gereja mereka sejak kali terakhir bertemu dengan para pemimpin yang lain. Kumpulankemudiannya berdoa untuk pemimpin tersebut dan gerejanya.

(10 minit)

## MASALAH

- Jurulatih memperkenalkan suatu permasalahan kepimpinan yang lazim dihadapi dan menerangkannya menggunakan suatu kisah atau pengalaman peribadi.

(5 minit)

## PELAN

- Jurulatih mengajarkan para pemimpin suatu pengajaran kepimpinan yang mudah yang memberikan wawasan dan kemahiran yang diperlukan untuk menyelesaikan masalah kepimpinan tersebut.

(20 minit)

## LATIHAN

- Para pemimpin dibahagikan kepada kumpulan empat orang dan mengamalkan kaedah latihan kepimpinan dengan berbincang mengenai pengajaran yang baru dipelajari, termasuk:

  o Kemajuan di dalam bidang kepimpinan ini.
  o Masalah yang dihadapi di dalam bidang kepimpinan ini.
  o Pelan untuk memperbaiki diri masing-masing dalam tempoh 30 hari akan datang berdasarkan pelajaran kepimpinan tersebut.
  o Satu kemahiran yang merekan akan amalkan dalam tempoh 30 hari akan datang berdasarkan pelajaran kepimpinan tersebut.

- Para pemimpin berdiri dan mengulangi ayat memori sepuluh kali bersama-sama, enam kali dengan membacanya dari Kitab, dan empat kali dari ingatan.

(30 minit)

## DOA

- Kumpulan empat orang tersebut berkongsi sebarang kebimbangan dan doa mereka dan berdoa untuk sesama mereka.

(10 minit)

## PENUTUP

- Kebanyakan sesi akan berakhir dengan suatu aktiviti pengajaran untuk membantu para pemimpin mengaplikasikan pelajaran kepimpinan yang dipelajari dalam konteks mereka sendiri.

(15 minit)

# Prinsip-prinsip
# Latihan

Membantu orang lain untuk membangunkan diri mereka sebagai pemimpin adalah suatu tugasan yang menarik dan mencabar. Bertentangan dengan pendapat popular, pemimpin boleh dibentuk, dan bukannya terus terhasil sejak dilahirkan. Untuk lebih ramai pemimpin muncul, pembangunan kepimpinan mestilah dirancang dan sistematik. Sesetengah orang keliru dan mempercayai bahawa pemimpin menjadi pemimpin berdasarkan personaliti mereka. Satu tinjauan yang ringkas terhadap pastor gereja mega yang berjaya di Amerika Syarikat, bagaimanapun, mendedahkan bahawa pastor-pastor juga mempunyai personaliti yang berbeza. Apabila kita mengikuti Yesus, kita mengikuti pemimpin yang terhebat di sepanjang zaman, dan pada masa yang sama membangunkan diri kita sendiri sebagai pemimpin.

Pemimpin yang semakin menyerlah memerlukan pendekatan yang seimbang dalam pembangunan kepimpinan. Pendekatan yang seimbang termasuklah dari segi pengetahuan, watak, kemahiran dan motivasi. Seseorang perlu kesemua empat ramuan untuk menjadi pemimpin yang berkesan. Tanpa pengetahuan, andaian yang salah dan salah faham menyalaharahkan pemimpin. Tanpa watak, seorang pemimpin akan membuat kesilapan moral dan kerohanian yang boleh menghalang misinya. Tanpa kemahiran yang diperlukan, pemimpin akan terus mencipta atau mencuba kaedah-kaedah baru yang tidak diketahui keberkesanannya (*reinvent the wheel*) atau sebaliknya menggunakan kaedah yang ketinggalan zaman. Akhir sekali, seseorang pemimpin yang mempunyai pengetahuan, watak, dan kemahiran, tetapi tidak bermotivasi akan hanya mempedulikan status quo dan memelihara kedudukannya sendiri.

Seseorang pemimpin mesti mempelajari alat-alat utama yang diperlukan untuk menyiapkan sesuatu pekerjaan yang dilakukan. Setelah menghabiskan masa yang bermakna dalam bersembahyang, setiap pemimpin memerlukan visi yang mendorong mereka. Wawasan tersebut akan menjawab persoalan, "Apakah yang perlu berlaku seterusnya?" Pemimpin perlu mengetahui tujuan bagi apa yang mereka lakukan. Mengetahui tujuan mereka akan menjawab persoalan, "Mengapakah ia penting?" Mengetahui jawapan bagi soalan ini telah memberi petunjuk kepada ramai pemimpin dalam melalui masa-masa yang sukar. Seterusnya, seseorang pemimpin mestilah mengetahui misi mereka. Tuhan membawa orang ramai bersama-sama di dalam sebuah masyarakat untuk menjalankan kehendak-Nya. Mengetahui misi tersebut akan menjawab persoalan, "Siapakah yang perlu terlibat?" Akhir sekali, pemimpin-pemimpin yang baik mempunyai matlamat yang jelas dan tepat untuk diikuti. Lazimnya, seseorang pemimpin akan membina wawasan, tujuan dan misinya menggunakan empat hingga lima matlamat. Matlamat tersebut akan menjawab persoalan, "Bagaimanakah kita akan melakukannya?"

Kami mendapati betapa sukarnya untuk memilih pemimpin yang baru di dalam satu-satu kumpulan. Tuhan sentiasa akan mengejutkan anda dengan siapa yang dipilih-Nya! Pendekatan yang paling produktif adalah untuk menganggap seolah-olah bahawa setiap orang itu sudah merupakan seorang pemimpin. Seseorang mungkin hanya memimpin dirinya sendiri, tetapi ia tetap memimpin. Seseorang akan menjadi pemimpin yang lebih baik dalam perkadaran langsung dengan jangkaan yang diberikan (kepercayaan). Apabila kita melayan orang seperti penganut, mereka akan menjadi penganut. Apabila kita melayan orang seperti pemimpin, mereka akan menjadi pemimpin. Yesus telah memilih orang dari semua peringkat masyarakat untuk menunjukkan bahawa kepimpinan yang baik bergantung kepada bagaimana mereka mematuhi-Nya, dan bukannya bergantung kepada tanda-tanda luar yang seringkali dicari oleh kebanyakan orang. Mengapakah kita mempunyai kekurangan pemimpin? Kerana pemimpin semasa enggan memberikan peluang kepada mereka-mereka yang baru untuk memimpin.

Tidak banyak faktor dapat memberhentikan pergerakan Tuhan dengan lebih cepat daripada kekurangan kepimpinan yang bersifat ketuhanan. Malangnya, kami telah menemui vakum kepimpinan di kebanyakan tempat-tempat di mana kami mempunyai membuat latihan (termasuk di Amerika). Pemimpin yang bersifat ketuhanan adalah kunci kepada Shalom - keamanan, rahmat, dan kebenaran – di dalam sesuatu masyarakat. Satu petikan terkenal dari Albert Einstein boleh diolah semula seperti berikut: "Kita tidak boleh menyelesaikan masalah semasa kita dengan menggunakan kepimpinan tahap semasa". Tuhan menggunakan *Ikuti Latihan Yesus* untuk melengkapkan dan mendorong lebih ramai pemimpin yang baru. Kami berdoa yang sama akan berlaku untuk anda. Semoga pemimpin yang terhebat di sepanjang zaman boleh mengisi hati dan minda anda dengan keberkatan rohani, membuat anda merasa kuat dan meningkatkan pengaruh anda – yang merupakan ujian sebenar dalam kepimpinan.

# Pelajaran Lanjutan

Kami menganggap pengarang-pengarang berikut sebagai yang terbaik dalam membantu melatih pemimpin radikal. Buku pertama untuk diterjemahkan dalam kerja misi anda adalah Alkitab. Selepas itu, kami mengesyorkan anda menterjemahkan tujuh buku berikut sebagai asas kukuh dalam pembangunan kepimpinan yang berkesan:

Blanchard, Ken and Hodges, Phil. *Lead like Jesus: Lessons from the Greatest Role Model of all Time.* Thomas Nelson, 2006.

Clinton, J. Robert. *The Making of a Leader.* NavPress Publishing Group, 1988.

Coleman, Robert E. *The Masterplan of Evangelism.* Fleming H. Revell, 1970.

Hettinga, Jan D. *Follow Me: Experiencing the Loving Leadership of Yesus.* Navpress, 1996.

Maxwell, John C. *Developing the Leader Within You.* Thomas Nelson Publishers, 1993.

Ogne, Steven L. and Nebel, Thomas P. *Empowering Leaders through Coaching.* Churchsmart Resources, 1995.

Sanders, J. Oswald. *Spiritual Leadership: Principles of Excellence for Every Believer.* Moody Publishers, 2007.